아직 시작되지 않은 오래된 이야기

전영미 시집

시인동네 시인선 214   전영미 시집

아직 시작되지 않은 오래된 이야기

시인동네

시인의 말

잠깐 눈 좀 붙이세요.
슬픔도 쉬어야지요.

내일 다시 얘기해요.

우리는 충분히 감당할 수 있을 거예요.

2023년 9월
전영미

차례

시인의 말

제1부

배웅 · 13
어떤 안내문 · 14
마임 · 16
논픽션 · 18
데칼코마니 · 20
나만의 필살기 · 21
내막 · 22
아직도 모르겠니 · 24
또 다른 내막 · 26
고독 · 27
어디에도 없는 그릇 · 28
예언 · 30
거기, 누구세요? · 32
미학 · 34
축제 그리고 · 36

머나먼 · 38

망각과 프렉탈 · 40

혼선 · 42

제2부

이제 마음의 준비를 하셔야 할 것 같습니다 · 45

혼잣말 · 46

내밀한 일들 · 48

아직 시작되지 않은 오래된 이야기 · 50

치부 · 52

꽃의 순간 · 53

마리아나 해구 · 54

카메라를 들고 · 56

전언 · 58

사라진 것들은 지워지지 않고 · 60

누군가 나를 불렀다 · 62

사실 · 63

낙타에겐 미안하지만 · 64

혼선 2 · 66

출구 · 68

기억을 찾습니다 · 70

덧칠된 · 72

제3부

초식동물 · 75

그려지지 않는 풍경 · 76

시선 · 78

비법이라면 비법 · 80

자화상 · 82

군락지 · 83

그림자를 위한 자장가 · 84

아무것도 모르고 · 86

봄밤 · 88

고시원 · 89

건조 · 90

십 대 · 92

다큐 · 94

진작 그랬어야 했는데 · 95

조율 · 96

우리는 다른 손이 필요해 · 98

또 다른 다큐 · 100

해설 카오스모스의 모순을 기꺼이 껴안은 자 · 101
  김효숙(문학평론가)

제1부

배웅

집을 나선다

빈 새장을 열어주고
욕조에 물을 가득 채우고
아무것도 심지 않은 화분에 물을 주고는
깊은 밤 속으로

길가 버드나무가 잠깐 흔들린다
뒷골목을 지나 공원을 돌아 호숫가까지 걸어간다

슬픔아,
여기서부터는 혼자 갈 수 있지?

호수에 잠긴 수초를 오래 바라본다
물에는 앉을 데가 없다

나의 귀가는
어제보다 더 늦을 것이다

어떤 안내문

여기 들어올 때는
밖에 당신을 걸어두고 오시오
문 앞 못에다 겉옷을, 이름을, 목소리를
냄새까지도 박아두고 들어오시오

여기에는
당신이 모르는 당신이 있소
당신이 알아야 할 당신이 있소
당신만 아는 당신이 있소
그저 당신이 있을 뿐이오

아직 입구는커녕 문 앞에 박힌 못조차 찾지 못한 당신들
지금 여기에 살면서 여기를 찾아 헤맨다
온갖 냄새를 뒤집어쓴 채
컹컹 짖어대던 우리들은 이름을 몰라
내 이름을 몰라
계속 짖어대고
겉옷을 벗기 위해

서로의 살갗을 하염없이 할퀴면서
그저 우우 울기만 할 뿐

여기는 어디오
여기는 어디 있소

마임

 당신이 빈 것을 들고 내밀며
 꽃이라면 그건 꽃인 거다
 아무것도 아니라면 아닌 거고

 뿌리가 상하지 않게 화분에 잘 옮겨 심으라고 해
 조심조심 흙을 덮는다
 없는 화분과 삽을 들고서

 꼭 치자꽃 향이 나는 느낌이 들어
 웃음을 만들어 보인다
 정말 진짜 같아

 진짜 같다는 말을 되풀이하며 진짜에 대해 생각하지 않는다

 당신은 빈 것을 머리 위로 펼치고는
 비가 온다고 한다
 갑자기 우산 없는 사람이 되어

홀로 젖어 가는 기분이 든다
정말 진짜 같아

당신은 마지막으로 허공에 네모를 그린다
꽃과 화분, 우산이었던 것들을 쓸어 담고는
빈손을 펼쳐 보인다

길거리 공연이 끝나자 사람들은 가던 길을 간다
방금 전까지 있던 것들을 그대로 두고

논픽션

아이들이 양의 발목뼈로 공기놀이를 한다
살짝 떠올랐다가
차례로
떨어지는 혼백들

작은 손들이 쥐었다 놓을 때마다
흩어지고 굴러가는 영혼들

서로에게 받힌 뼈들이 이상하게 하얗다
죽은 뒤 다친 자리는 손쓸 수 없고

차례를 바꿔
또다시 굴러왔다 흩어지는 영혼들

손등에 올라선 양들이
흔들리지 않으려고 발목에 힘준다
사라진 것들도 계속 버텨야 하고

여자아이 손 밖으로 빠져나간 뼈들
죽어서도 질 것 같은 기분을 느끼고

놀이가 끝나자 아이들은 제 뼈를 챙겨 일어난다

데칼코마니

네가 내가 된다고 해도 끝내 알 수 없는 것들이 있다
나도 그게 뭔지 몰라 나에게 다가간다

디딜 수 없는 빈 곳으로
표시되지 않은 방향으로 나를 내민다
나에게 가까워지려고

도화지에 물감을 발라 반으로 접어 눌러도
찍히지 않는 부분이 있다
옮겨지지 않는 내가 있다

가끔은 나도 모르는 내가 묻어 있을 때도 있다
읽을 수 없는 자국이 선명하다

말할 수 없는 것은 침묵으로도 말해지지 않는다*
채워지지 않는 것들로 채운다

---

*페터 한트케, 『관객 모독』.

나만의 필살기

나는 네 속눈썹 위에 올라서겠어
지난 生은 잘 기억나지 않아
지금은 그저 이렇게라도 서 있고 싶을 뿐
물론 네가 날 지겨워할 걸 알지만

그래도 네 속눈썹에 발 얹고 어떻게든 버티겠어
이것은 내가 너를 사랑하는 방식
혹은 나를 확인하는 방식

지난 生은 잘 기억나지 않아
지금은 그저 이렇게라도 각인되고 싶을 뿐
비록 네가 진절머리낼 걸 알아도
아무도 흉내 낼 수 없는 방식으로 머물고 싶을 뿐
네 곁에
혹은 내 곁에

내막

한낮에 불쑥 나타난 유령이 중얼거린다

사실은 나도 너무 무서워
어제의 어둠과 오늘의 어둠이 다르다는 것이
수만 개의 밤을 건너왔지만 한참 남았다는 사실이

지나간 것들이 쌓이지 않는다
사라지지도 못하면서

매일 밤 헤매고 다녀도 길이 나지 않아
잘못 든 데를 또 들어가면서도 낯설기만 할 뿐이지

발이 필요해
뭔가를 딛고 서는 기분을 느끼고 싶어

죽은 자도 소망이 있다

매일 기대해

오늘 밤을 맞지 않기를
나를 떠나기를

아직도 모르겠니

—애야, 한밤중에 손톱 깎으면 안 되는 거 모르니
—쥐가 그걸 먹고 너로 변하면 어쩌려고

—그래서 꼭 밤에 깎는 거예요
—이제 나를 버릴 때도 됐잖아요

여기저기 툭툭 깎아놓은 손톱은 하나도 사라지지 않았고

언젠가 이해하게 될까
왜 나는 아직도 나인가를

잠깐 나무를 따라하고 사막을 흉내 내고 상처인 척했지만
결국
나로 남았고

툭툭
쥐를 위해 또다시
발톱이 여기저기 튀는 밤

쥐가 내 발톱을 먹어주기만 한다면
나를 절반만이라도 나눠 가져 준다면
내가 먼저 네가 진짜라고 우길 텐데

나는 나를 뭐라고 불러야 할까

─얘야, 아직도 모르겠니
─오래전에 네가 네 손톱을 삼켰다는 걸

또 다른 내막

너무 우거지면 무서워
그게 빛이라도

땡볕에 쭈그리고 앉아 땅을 판다
여러 개의 구덩이에 빛을 나눠 묻고 잘 덮는다
그 앞에 공들여 가꾼 어둠 한 다발을 올려둔다
천천히 시들어 가는 한낮

햇볕에 화상 입은 장미 허브를 그늘로 옮긴다
거기서 오래 앓을 것이다
말라 죽지도 못하고

연한 자리마다 하얗게 탄 이파리들
저물어 가는데도 어둠에 싸이지 않고
데인 곳이 환하다

더 큰 빛을 만들려고
흰색을 칠할수록 어두워진다

고독

모두가 잠든 밤
오직 선장 한 사람만이 보았던 섬

두 번 다시 발견되지 않을 슬픔

백 년 전부터 등에 작살 꽂힌 채
가끔 그 주변을 지나는 그린란드 상어 한 마리

천천히 한 바퀴 돌고 간다

슬픔이 가라앉지 않도록

더 늦게까지 여는 술집을 찾아 일어나는
사람이 있다

어디에도 없는 그릇

당신이 꼭 당신이어야 할 이유는 없다

당신은
낙타의 모래 낀 속눈썹이어도 되고
쉴 새 없이 비벼대는 파리 앞다리여도 되고
종일 우물거리는 소 입이어도 된다

방파제 위 낚시꾼 휘감아 나가는 너울이라도 상관없고
암컷 등에 올라탈 때 제 뒷다리만 해지는 코끼리 성기라도 상관없다
공원 한구석에서 꾸덕꾸덕 말라가는 똥이라면 더 좋다

당신이 원한다면 지난봄 라일락 향기도 될 수 있고
원하기만 한다면 잠든 아기의 꿈이 될 수도 있다

그러나 명심할 것

당신은 모든 것이 될 수 있는 동시에

그 어떤 것도 될 수 없다는 사실

내 안에 있는 이 모든 것들을
다 담아낼 수 있는 내가 없듯이

예언

나는 운명론자, 신의 전령사

한낮의 햇살이 널 울게 할 거야
이제 막 벙글기 시작한 목련 때문에 넌 더 어두워질 거고
천둥이 뭔지도 모르는 연한 이파리들은 널 더 거칠게 만들겠지

조금 전까지의 넌 네 뒤로 무심히 떠내려갈 테고
매일 잠들기 전 새로운 해가 떠오르길 기도하겠지
그러나 어제와 같은 해가 떠오르고

그건 너무 심하지 않냐고 물을지도 모르지
하지만 그게 자연스러운 거야
아직은 다 말하기 어렵지만

따사로운 햇살과 부드러운 바람이
널 위한 게 아니란 걸 이제 좀 알게 되겠지
물론 꽃과 나비를 위한 것은 더더욱 아니란 것도

네 안에 갇혀 끊임없이 맴도는 너
오래전에 신의 계시가 있었을 뿐이고

아직 무사한 거니
앞으로도 무사할 작정이야?
계속 이런 식으로?

거기, 누구세요?

태어났을 때 난 이미 낡아 있었지
누군가 쓰다 버린 팔다리를 주워다
정성스레 꿰맨 자국이 있고
해변에 뒹굴던 머리통을 주워다 얹었는지
수시로 머리에서 파도 소리가 들렸지

엄마라고 처음 내뱉은 순간 입에선 나방이 쏟아졌지
껍데기를 둘둘 감고 있던 번데기는 그새 부화했고
겨우 찾은 내 목소리에선
노인의 쉰 소리가 섞여 있었지

북극성을 처음 발견했을 때
내 눈은 이미 북극성을 알고 있었지
원래 누구의 눈이었을까

이상할 만큼 가늘고 옅은 손금
수레바퀴가 한 바퀴, 두 바퀴 구르는 걸 세다가
숫자들이 사라지고 바퀴가 구른다는 것조차 잊어버렸을 때

손금도 조금씩 사라졌지

거울 볼 때마다
한 번도 나를 알아볼 수 없지
당신, 아니 나는 누구세요?

미학

장미를 가까이에서 보려고
정원으로 들어섰는데
울타리 안에 피어 있던 장미들이 한순간에 꺾여버린다

너는 꿈속 얘기조차 남의 걸 베끼는구나

탐스러운 것들만 골라 이파리를 다 뜯어낸다
꽃잎들을 가시에 꽂아두거나 손끝으로 비빈다
원래의 모습을 되찾지 못하도록
이미 아름다웠던 적이 있으므로

너는 지어낸 얘기조차 남의 걸 베끼는구나

뜯어낸 꽃잎이 바닥에 쌓일수록 고백은 찢긴다
흙 묻은 이파리를 짓이기며 서 있는 마음이 있다
수줍게 건네려던 아름다움 하나가 사라진다

너는 상처 주는 법마저 남의 걸 베끼는구나

겹겹이 싸인 봉오리들은 그대로 남겨둔다
아름다움을 간직한 채 오래 머물 수 있도록
무엇에게도 빼앗기지 않도록

한 번도 아름다웠던 적 없던 것들은 영원히 아름답다
내가 훔치지 못할 무언가를 품은 채

축제 그리고

구름 낀 날에는 나비가 적게 태어난다*

흐린 날에 태어나는 것들
말려 있던 날개를 마저 뽑아 올린다
검은 장막을 친다

한번 구겨진 영혼은 잘 펴지지 않는다

나비에게는 좀 더 부드러운 이름이 필요하다
생이 유려하게 흘러가도록

습기 밴 날개
접었다
펴는 동안
한 생애가 지난다

축제가 끝나자 모조리 폐기된다
뿌리째 뽑힌 풀잎 뒤에 붙어 있는 알들

한번 살아낸 것 같은 것들이
아직 투명하다

---

*나비 생태관 관리자의 말.

머나먼

십자가에 매달린 또 다른 작은 십자가
오랫동안 많은 비밀을 받아 안은 것들은 무겁다

한꺼번에 여러 생을 살아낸 십자가는
그림자를 늘려 그 안에 저를 누이고 눈을 감는다
그 앞에 또 다른 십자가가 세워진다
쓰러진 십자가를 다시 일으킨다

수십 개의 십자가가 돋아나고 꺾이는 동안
신은 떠나 있다

천둥은 기도 소리를 묻어버리고
멀리서 불어온 폭풍은 기도문을 찢어버리고
젖은 십자가들은 서서히 가라앉는다
신은 아직 돌아오지 않는다

함부로 피어난 것들이 얼어붙는 밤
한나절의 따스함에 속아

스스로를 죽이는 새벽

겁에 질린 것들은 소리도 내지 못한 채 십자가에 묶인다

신은 여전히 침묵한다

망각과 프렉탈

나는 죄가 없습니다
우리에게 있을 뿐

오직 우리들에게 죄가 있을 뿐

나와 우리는 수시로 자리를 바꾸고
한 다발로 묶여 누군가에게 건네집니다

한 묶음의 어둠을 받아 안은 채 웃고 있는 당신
우리와 당신은 한 줄기로 엮입니다
잘 직조된 담요는 아기를 감쌉니다

아기의 눈을 오래 들여다보는 당신
우리들과 눈이 마주친 아기는 자지러집니다
무언가를 봐버린 아기는 그치지 못합니다
도무지 이유를 모르는 당신은
젖병을 물렸다가 안아주기를 반복합니다

울음은 계속되고 우리들도 되풀이됩니다

나는 죄가 없습니다
오직 우리들에게 있을 뿐

혼선

돌은 돌의 말을 하고
나무는 나무의 말을 하고
바람은 바람의 말을 한다
당신은 당신의 말만 하고
나는 내 말만 한다

한데 뒤섞여 아무것도 들리지 않는다

당신을 향하던 내 말은
당신에게 가기도 전에 뒤섞이고 만다

서로의 말은
한 번도 서로의 말인 적이 없다

당신의 말은 당신의 것

우리는 영원히
서로의 말을 알아들을 수 없다

제2부

이제 마음의 준비를 하셔야 할 것 같습니다

마음의 준비란
상조회사 약관을 다시 꼼꼼히 읽어보고
장례식장을 대실로 할 건지 특실로 할 건지나 정하는 것
아니면
부고를 누구한테까지 알릴 건지 고민하는 것
그것도 아니면
산소호흡기 꽂고 점점 가라앉는 환자를 보며
입원비가 얼마였던가 잠깐 생각하는 것
아니지 아니지 이건 아니지
머리를 세차게 흔드는 순간
다음 학기 등록금은 어쩌지, 라는 생각이 불쑥 드는 것

시간은 얼마 안 남았는데
환자는 점점 서늘하게 굳어 가는데
정작 환자의 생애에 대해서는 생각지도 않는 것

마음의 준비란 그런 것이다

혼잣말

밤이 되면 더 많은 소리들이 흘러나온다
귀를 찾지 못한 목소리들은 어디든지 들이밀고 본다
아무나 붙잡고 늘어진다

내 말은 그게 아니고
그런 뜻이 아니라니까 글쎄
내 얘기부터 좀 들어보라니까
어차피 넌 말해줘도 몰라
그런 건 나중에 얘기해도 되잖아
아무한테도 말하지 마

눌려 있던 소리들이 여기저기서 튀어 오르고
벽에 부딪힌 소리들은 꺾여서 되돌아간다
막혀 있던 소리들이 역류한다
어디에도 들어가지 못한 채 입 안에 고여 썩어가고 있다

나쁜 새끼, 네가 뭘 알아
잘 알지도 못하면서

내가 내 귀에 대고 중얼거린다

내밀한 일들

가늘고 연한 이파리만이
사라진 바람을 기억한다
어디에도 얹히지 못한 바람의 슬픔이
보드라운 이파리 끝에 묻어 있다

오래 주저앉아 있는 호수만이
물안개의 찢겨진 귀퉁이를 본다
가볍게 흘러가며 부드럽게 스민 줄 알았던 것이
서로를 후벼 파고 헤집고 있다

한 번도 눈 감은 적 없는 하늘만이
사라진 별들을 눈치챈다
푸른빛을 토하며 태어나는 별들을 조용히 지켜봤듯이
마지막으로 깜빡이며 사그라든 자리를
오래오래 들여다본다

이 모든 일들은 누군가만 아는 내밀한 것들

당신이 거기 그렇게 있다는 것도
그 누군가는 알아채고 있다

아직 시작되지 않은 오래된 이야기

이것은 오래전부터 누군가 했던 이야기
한 번 더 한다고 해서
하나도 이상할 게 없는 이야기

드디어 고목에 꽃이 핀다고 했지 꽃은 아직 고목을 찾지 못했고 그렇다면 내가 피는 걸로 할까 먼저 천 년을 기다려 고목부터 만들어야겠지 그런 뒤 가지 끝에 오래 품고 있던 꽃망울을 매달고 있는 힘 다해 한 송이 한 송이 나를 피워 올려야지 그때 천 년을 숨죽이며 살던 바람이 시커먼 입김을 불지도 몰라 오래 참고 있던 숨을 한꺼번에 뱉어낼지도 몰라 이제 막 퍼져나가려던 내 향기를 악취로 바꿔 버릴지도 모르지 그렇다면 나는 바람이 되어야 할까 또다시 천 년을 기다려 고목부터 만들어야겠지 그러고 나서 순한 바람이 검은 입김 토해낼 때까지 땅바닥을 수만 번 뒹굴도록 해야겠지 지칠 대로 지친 바람이 이제 막 벙그는 꽃잎을 말려 버릴 때 그 순간 나비 한 마리 날아와 계속 맴돌지도 몰라 이미 천 년 전에 말라 죽은 고목은 흔적조차 없는데 나비는 바람에 휘감겨 계속 떠밀려 갈지도 몰라 영원히 마르지 않을 젖은 날개 하염없이 퍼덕일지

도 모르지

   이것은 오래전부터 이어져 오는 이야기
   여기서 끝난다고 해도
   영원히 끝나지 않을 이야기

치부

딱 한 번 본 적 있다
낮잠이라곤 모르던 아버지의 눈 감은 옆얼굴
아버지 기저귀 갈고 삼십 분도 채 안 됐을 때다
잠든 게 아니라는 증거는
꽉 깨문 어금니도 어쩌지 못한 입술의 떨림

딱 한 번 본 적 있다
거무튀튀하게 오그라붙은 아버지의 성기
내가 나왔던 거기로
오줌 한 방울 밀어내지 못해 호스 매달고 있다
기저귀 가는 내 손이 허벅지 스칠 때마다
아버지는 자꾸 사타구니를 오므린다

치부란 그런 것이다
보여서도, 봐서도 안 되는 일이다
드러나는 순간 장님이 되게 한다
들킨 사람도, 봐버린 사람도

꽃의 순간

잎도 뿌리도 없이
오로지 꽃만 피우는 라플레시아
한 달 동안 공들여 자신을 완성한다

그저 꽃의 순간으로만 한번 살아보고 싶은 거다

정글 깊은 곳에서 썩은 내를 푹푹 풍기며
살아있었다고 아직은 살아있다고

맹렬히 상해간다

씨방까지 파먹는 파리 떼를 끝까지 지켜보며
천천히 무너져 내린다

아무것도 없이
세상에서 가장 큰 꽃으로 남는다

마리아나 해구

당신과 당신이 부딪히자 움푹 패인다
해구가 생긴다
세상에서 가장 깊은 곳
아무도 오른 적 없는 산 하나가 박혀 있다
들여다볼수록 더 넓어진다

희미한 무언가가 어른거린다
눈을 감고 좀 더 멀리 본다
시야를 가리는 창백한 점들

바위에 찍힌 쉼표 같은 것들이
뭉개진 작은 입으로
박테리아를 뜯어먹으며 기어다닌다

빛이 없는 곳에서 안전하게 살아간다
어둠을 방해하지 않으려
눈과 귀를 지우고

당신이 벌어진 틈으로 당신이 새어 나온다
바닷속 산은 더 짙어진다

카메라를 들고

아직 태어나지 않은 소리를 듣고 있어요
이제 막 우주에서 출발한 나를 기다려요
공기 속에 남아 있는 온기를 좀 더 오랫동안 덮고 있어요
이해하시겠어요?

미처 도착하지 않은 내 얼굴을 보고 있어요
공중에서 붉은 꽃들이 피어나길 기다려요
꽃을 들고 웃고 있는 나를 사진으로 남기고 싶어요
이해하시겠어요?

빛과 얼음이 섞이는 소리를 흉내 내고 있어요
물 흐르는 소리와는 엄연히 달라요
검은색과 푸른색이 잘 버무려진 하늘을 푹 떠서 맛보고 있어요
입 안에서 퍼지는 새벽의 냄새를 맡고 싶어요
보이지 않는 한 순간을 만지고 싶다고요
누군지도 모르는 당신들을 그리고 싶어요
이해하시겠어요?

여기에 없는 것들을 남기려는 마음을

전언

무언가 잠시 반짝인다
찢겨진 너의 그림자 안에서

그렇게 쉽게 뭉개지지는 않을 것이다
너는 네 안에서 눈뜨고 있으니

어둠을 끌어다 덮고 있는 자여
그대로 잠깐 잠들어도 된다
너는 땡볕 아래서 너무 오래 떨었으니

빙하 속에서 조금씩 새어 나오던 자여
이제는 흘러가도 좋다
너는 네 시린 발을 기억하고 있으니

오랫동안 깨진 거울을 들여다보던 자여
서둘러 새 거울을 사야 한다
너는 네 얼굴을 안다고 오해하고 있으니

그렇게 쉽게 꺾이지는 않을 것이다
너는 또다시 연한 이파리들이 돋아나는 걸 보았으니

내 말을 전혀 듣지 못하는 자여
결국은 네 스스로 기억해낼 것이다
너는 이미 내게 이 모든 걸 들려준 적 있으니

사라진 것들은 지워지지 않고

내 얼굴을 지워버렸다
나쁜 것들이 찾아내지 못하도록

매일 밤 쏘다녀도 나를 지나치던 영혼들이
낮에 불쑥 나타났다
얼굴도 없이
이야기하고 웃고 있는 나를 알아보고
뚫린 눈으로 쏘아보았다

있지도 않은 눈들을 속일 수는 없는 일이라
나는 슬그머니 말을 멈췄다
사라진 입들이 일제히 비웃었다
더러는 욕하는 소리도 투명하게 번졌다

안 보이는 손들이 달려들어
내 얼굴을 아무렇게나 그리고 또 그렸다
원래 나쁜 것들은 더 나쁜 걸로 덮는 법이라며
내 얼굴을 떼어 자기들끼리 마구 찍어 발랐다

지워진 것들은 사라지지 않는다고
썼다가 지웠다

누군가 나를 불렀다

털썩, 이라는 소리는 자기 안에서 나는 것
내가 나를 툭 떨어뜨릴 때 나는 소리

주저앉는다는 것도 마찬가지
더 이상은 안 되겠구나 싶을 때
정말, 여기서 끝이구나 싶을 때
스스로 다리 힘 확 풀어버리는 일

그날 아침
선인장이 털썩 주저앉는 소리,
들리진 않았지만 누군가 꼭 들어줘야 할 소리가
나를 베란다로 불러냈는지 모른다

사실

나는 한 번도 흘러본 적 없네
내 안에 쌓인 눈이 아직 녹지 않았기 때문이지
간간이 햇볕 들 때 있었지만
눈 쌓이는 속도 따라잡진 못했지

사실 엄마는 날 낳은 적도 없네
대신 얼음 덩어리 하나 쑥 밀어내 놓았는지 몰라
내 생일 다가올 때마다 온 뼈마디 시리다고 하는 걸 보면

늘 손발이 찬 나는
벌게진 양 손가락에다 호호 입김 불고
양손 싹싹 비벼도
도무지 따뜻해지지가 않네

내 안에 쌓인 눈
늦봄이 지나도록 그대로네

낙타에겐 미안하지만

태양을 마주 보는 법 좀 알려달라고 해볼까
하늘에는 이미 네 개의 해가 떠오른 지 오래니
선인장을 통째로 삼키고도 상처 하나 입지 않는 법은 어떨까
사람들이 기르는 거라곤 수십여 가지의 선인장뿐이라
수시로 서로를 찔러대니
아니면 종일 우물거리는 낙타 입술이라도 좀 따라 그려볼까
가만히 있어도 세상이 빙빙 돌아 뭐라도 씹지 않고서는 견딜 수 없으니
아니면 등에 난 혹을 조금씩 녹여 흡수하는 법은 어떨까
몸속의 물기가 다 말라버려 애인과 나눌 침조차 없으니
그것도 아니면 바닥에 앉을 때
투둑
두 번에 걸쳐 꺾이는 법이라도 알려달라고 해볼까
한 번에 바로 주저앉는 것보단 덜 아프게 느껴질 테니

밥 먹을 때마다 모래가 서걱서걱 씹힌다
속눈썹에도 모래가 쌓이고 머리 빗을 때마다 모래가 흘러내린다

서둘러 낙타가 되어야 한다
나도 사막으로 변하기 전에

금 가고 더럽혀진 창 너머에
반쯤 눈감은 채 종일 우물거리는 낙타가 앉아 있다
우리가 사막으로 변해가는 모습을 조용히 되새김질하면서

혼선 2

말하는 법을 잊었으므로
그때부터는 아무렇게나 떠들어댔다
마찬가지로 듣는 법도 잊었으므로
귀는 사방으로 뻗어나갔다
물을 주지 않았는데도

시도 때도 없이 피어나는 입들
이 입술이 닫히면 저 입술이 벌어졌다
누구 것인지도 모를 혀들이 수시로 핥고 지나갔다
입과 입이 서로를 막아 아무 소리 못 낼 때도 있었다
가끔은 말들이 울컥울컥 삼켜지기도 했다

여기저기 아무렇게나 돋아나는 귀
온몸에 주렁주렁 열렸으나 그 어떤 말도 듣지 못했다
시든 귀들이 흩날려 발밑에 쌓였다
끝내 소리를 찾지 못한 채 맹렬히 썩어갔다
— 뭐라고 말 좀 해봐! 소리는 어떻게 듣는 거야?

삼켜지던 말들이 다시 기어 나와 중얼거렸다
입이 떨어져 나간 자리에 귀가 열리기도 했다
입은 귀에 대고 이야기를 들었고 귀는 입에 대고 계속해서 소리를 질렀다
—어이? 거기 누구 없어?

도대체 이 악몽은 언제 끝나냐고
악몽이 악몽을 붙들고 계속해서 질문을 해댔다

출구

뒤를 감추려고 했는데 계속 자랐다
이제부터는 뒤밖에 없다고 했다

뒷걸음질 치면 뒤는 성큼 물러났다
뒤돌아 뛰어가면 다른 뒤들이 쫓아왔다
뒤에 숨어 있으면 뒤는 더 커졌다
숨죽여 뒤를 따르니 뒤가 점점 길어졌다
뒤를 캐면 캘수록 뒤는 더욱 깊어졌다

뒤에서 기다리기만 하던 뒤들이
뒤를 봐주는 이가 없는 뒤들이
계속 뒤로 밀려났다

뒷일을 부탁하던 뒤들이
차례로 뛰어내리기도 했다
뒤에 뭐가 있는지 보여주려고

뒤에서 일을 꾸미던 뒤들도

뒷일을 장담할 순 없었다

그 시간에도 새로운 뒤들이 생겨났고
계속 번지는 중이었다

기억을 찾습니다

시간이 너무 많이 흘러
제가 살던 왕궁에 대한 기억이 점점 희미해져 가요

그곳은 틀림없이
장미 향이 나고 순한 바람이 불었을 곳
한낮의 햇살이 대리석 바닥을 적당히 달구고
밤에는 별빛으로 커튼을 쳤을 곳
올리브와 포도가 사철 열리고 우유 분수가 솟았을 곳

왕궁은 저를 한참 전에 잊어버렸고
저는 저를 증명할 길이 없으니
제 나라로 돌아갈 방법이 없어요

연못가에 피었던 달리아야, 나를 기억해줘
종려나무 끝에 앉아 노래하던 작은 새야, 나를 불러줘

천 년 전에 본 제 얼굴을 기억하는 사람들은
아무도 없나요

여기는 제가 살 곳이 아닌데

별은 너무 멀리서 빛나 길을 알려주지 않고
장미 향은 너무 옅어져 꽃핀 데를 보여주지 않아요

왕궁을 지키는 문지기야
어서 나를 찾아내 지켜줘

저는 저를 기억해내야 해요
정원에 꽃들이 다 시들기 전에

덧칠된

저기, 느티나무 그림자 속에 내 그림자가 들어 있다
바람 불자 그림자가 흔들린다
내 그림자가 슬쩍 삐져나온다
내 것이 덧칠돼 있는데도 저것은 느티나무 그림자일 뿐

당신은 나를 덧칠한다
당신이 옆에 있을 때는 내가 보이지 않는다
지금, 당신은 떠나고 군데군데 칠이 벗겨진다
덧칠은 그야말로 덧칠이라서
여기저기 당신이 얼룩덜룩 묻어 있다

여전히, 나는 당신 안에 있다

제3부

초식동물

풀은 어딘가에서 착실하게 자랄 것이고
저 너머엔 분명 물이 있을 것이다

우리는 괜찮아질 것이다

물과 풀, 물과 풀
뜯고 마시기만 하면 된다
앞이든 뒤든 가긴 가는 것이다
멈추지만 않으면 된다

어린 것들은
물에서 태어나 풀에서 죽을 것이다

쓸데없는 생각만 하지 않는다면
우린 다시 괜찮아질 것이다

그려지지 않는 풍경

꿈에서 서둘러 깨어났다
그렇게 새하얗고 커다란 꽃을 본 적 없어서
그것은 내가 봐서는 안 되는 빛
서러운 게 뭔지도 모르는 태초의 향기
이름이 따로 필요 없는 그저 꽃
여기로 건너오면 바로 꺼져버릴 불씨

꿈에서 서둘러 깨어났다
누군가 낮게 중얼거린 말을 받아 적기 위해서
여기서는 한 번도 들은 적 없는 달아나는 문장
영원히 지지 않는 새하얀 꽃을 얻을 수 있는 비법
그러나 눈뜨자마자 잠들어버린 낱말들
그렇게 쉽게 쓰일 문장이 아니었다

여기를 여기라고 함부로 착각하고
내게 눈과 귀가 있다고 오해하는 동안에는
절대로 볼 수 없고 들을 수 없는 것들이었다

시든 것들은 결국 풍경을 망치고
내가 본 꽃은 결코 그려지지 않을 것이다
달아나던 문장은 한 번도 읽히지 못한 채 지워진다

시선

당신의 눈동자는 우주에서 태어났다
눈 깜빡일 때마다 우주는 자리를 바꾼다
매일 밤 새로운 별자리가 생겨난다

당신의 눈길 머문 자리마다
거기 있던 것들은 제 색을 되찾는다
당신이 나를 바라보는 순간
나는 당신이 생각하는 내가 된다

당신의 눈길은 말과 말 사이를 비춘다
말의 저 안쪽까지 비춘다

가끔, 가늘게 뜬 당신의 눈은 나를 찌른다
당신이 베고 간 상처가 곪아 터진다

찬찬히 오래 들여다보는 당신의 눈길 한 번이면
말끔히 아물어 버릴 상처

당신의 눈동자는 우주에서 태어나
블랙홀을 담고 있다
너무 깊어 들여다볼 수 없다

비법이라면 비법

그때 저는 꿈에서도 피곤해 꾸벅꾸벅 졸고 있었는데
자면서도 허기져 뭘 좀 먹어야겠다고 생각하고 있었는데

갑자기 어둠이 유리창 깨고 집 안으로 들이닥쳐
막무가내로 휩쓸어버리고
순식간에 허리까지 차올랐어요
매트리스가 둥둥 떠다니고
어디서 흘러들었는지 진흙이 잔뜩 쌓여
방문도 잘 열리지 않았다니까요

옷도 걸칠 틈 없이 알몸으로 뛰쳐나온 저는
어쩔 수 없이 어둠 속으로 숨었어요
그동안 어떻게든 햇볕을 쬐려고, 내게 밴 곰팡이 냄새를 없애려고
그렇게 애썼는데 말이죠
그 순간 갑자기 웃음이 터지는 거예요
헐떡이며 웃다 보니 옆구리가 얼마나 당기던지
어차피 그렇게 될 거였던 거죠

전 그전까진 빛이 공평한 줄 알았다니까요
정말 바보같이

그 뒤론 벗겨낼 수 없는 암흑과 붙어 막 굴러먹었어요
더 이상 손 볼 수 없을 만큼 저를 망가뜨리고 싶었거든요
다른 사람들이 아예 거들떠도 안 보게

이게 저를 지킨 비법이라면 비법이에요
그것 말고는 제가 뭘 할 수 있었겠어요

자화상

거울아 거울아
너의 가장 깊은 곳을 보여줘
미소와 울음을 번갈아 만들어내는 나 말고
수은으로 덧칠하기 전 네 얼굴

사람들이 벗어두고 간 얼굴들을 긁어내면
잘린 내면과 뒷면들이 겹쳐져 있고
순간의 표정들과 전달할 수 없는 기분들이 가득하지

그런 것들이 쌓일수록 네 얼굴은 멀어지고
너의 깊은 곳은 더 내려앉는다

거울에 손을 대면
밀어내는 다른 손이 있다

수은이 벗겨진 거울, 아니 유리는
중얼대는 내 얼굴을 투과한다
깊숙이 찔러 넣는다

군락지

꼼짝없이 당할 수밖에 없는 것들끼리 무리 지었다
한 번에 꺾이지 않기 위해

모여서 불안을 덮으며
어떻게든 떨지 않으려고 붙어 있다
홀로 사라지고 싶지 않을 뿐인데

공기라도 한번 찢어발기려는 듯 송곳니 한껏 세워도
가까이는 못 오고 멀찍이서 으르렁거린다
연한 바람에도 휘청거리는 것들

풍경을 망치지 않으려고
배경인 척하는 무더기
햇빛을 받아 더 화사하다

사람들이 카메라를 들이댄다
제일 잘 나온 사진만 놔두고 모조리 삭제한다
하얗게 질린 무리가 박제된다

그림자를 위한 자장가

저기 부서진 의자 위에 내 그림자가 얹혀 있다
어쩌면 내 그림자 때문에 의자가 망가졌는지도

내게서 자꾸 달아나려는 그림자
우리의 영혼은 너무 달라 서로에게 위험하다

한 번도 자장가 들어본 적 없는 그림자를 위해
낮고도 작은 목소리로 노래를 불러준다
처음으로 눈이 생겨난 그림자는 빵긋 웃는다
다음으로 코가 생겨나 훌쩍거리기도 한다

길게 이어지는 자장가 소리에
드디어 입이 그려지고 성대까지 만들어진 그림자가
처음으로 내뱉은 말은

왜 발은 한데 묶여 있는 거야
발끝은 서로 다른 곳을 향하는데

내가 함부로 더럽힌 모든 것들과 함께 떠나겠다고 한다
이미 낯선 내 영혼도 데리고서

이제부터 나는 그림자의 그림자가 되어
계속해서 짓밟히고 더욱 더럽혀지겠다고 매달린다
그림자는 무언가 여기 있다는 걸 보여주므로

아무것도 모르고

꼭대기만 보면 무조건 기어오르는 무당벌레
알집 속에서부터 동그랗게 말려 있었을
지독한 저 습성

꼭대기가 뭔지도 모르는 저것들
뭐가 있어서 올라가는 게 아니다

여기도 한번 올라가 보라고
나무젓가락 갖다 대자
무작정 기어오른다
재바르게 움직이는 무당벌레

꼭대기에 다다랐을 때
젓가락 슬쩍 뒤집는다
또 기어오르는 무당벌레

뒤집고 뒤집고 또 뒤집어도
무조건 기어오른다

아무것도 모르고
장난인 줄도 모르고

봄밤

하늘을 긋자 쏟아지는 벚꽃들
봄의 내장들
사람들이 달려들어 물고 뜯는다

봄은 봄을 어떻게 견디는가
돌을 던져도 호수는 깨지지 않고

물 위로 떨어지는 꽃잎들
서서히 젖으며 마저 벌어진다
물비린내가 훅 끼친다

무언가 빠져나가
여기저기 허기진 것들

구석구석 게워낸 꽃잎들이 말라붙는다

고시원

내일을 생각하면 자다가 계속 깬다
끊어지는 시간들
미래에 구멍을 낸다

멀리서 구급차 소리가 들린다
누가 죽은 걸까?
우리는 여기 그대로 있는데

세상이 날마다 좁아진다
자꾸 달리다 보니*

새끼 고양이들은 매일 길에서 태어나고
밤새도록 운다
한 사람은 깨어있다는 걸 알고

---

*카프카, 『작은 우화』.

건조

저보다 더 큰 물고기 바싹 옭아매고
쫙쫙 빨아당기던 문어 빨판들
구멍 열린 채 굳어 있다

제 안에서 저를 꽉 붙들고 있느라
온몸이 뻣뻣하다
평생 흐물거리던 생(生)
비로소 딱딱한 뼈가 생긴다

가벼워져서 더 무거운 것들

뭐라도 채워야 한다는 불안감이
제 그림자 불러들였을까
시커먼 그림자를 닮아 더 짙어지는
야윈 것들

아, 아버지
얼굴이 점점 짙어져

흙빛을 닮아가던 날
자신을 꽉 움켜쥐고 있느라
몸이 점점 굳어가던 어느 날
그림자 안고 땅속으로 들어가셨다

물컹한 연체동물
아버지
서서히 뼈마디가 드러난다

십대

속을 맛보고 싶어 빛을 쪼갠다

잔가지를 드럼통에 던져 넣고 바짝 다가앉으면
잠깐 환해지고
옆에는 막자란 아이들이 꾸벅꾸벅 졸고 있다

그을음이 올라오고
분질러진 가지가 재로 변하는 동안
밤을 함께 보내도 제 몫은 줄지 않고
아무도 돌보지 않는 아이들이 여전히 졸고 있다

검댕을 문지르면 옆으로 더 번지고
때 타는 데는 연습이 필요 없다
얼굴과 머리카락에 어둠을 펴 바르며
얼룩에 대해 생각한다

검정 비닐에 담아 냉동실에 처박아둔
잊힌 아이들

풀어보지도 않으면서 버리지도 않는다

아무도 모르게 혼자 상해간다

다큐*

자신이 타락했다 여기는 이들은
더 높은 산으로 올라간다
얇은 옷을 겹쳐 입고 장갑도 없이

한참을 걷다 이쯤이면 됐다 싶은 곳에서
만년설 한 귀퉁이를 떼어낸다
더 깨끗하고 맑은 것을 골라서

돌아올 수 있을 만큼만 간다
차고 투명한 것을 떼어낼 수 있는 사람들만 간다

얼음은 아직 녹지 않았다
얼음이 뭔지 아는 이웃들을 위해
얼음 한 덩이씩 지고 내려간다

신의 축복을 나눠주려고

―――――
*히말라야에 기대 사는 한 마을 이야기를 다룬 다큐멘터리 보고 쓴 글.

진작 그랬어야 했는데

오래 짓밟힌 것들은 사소한 일에도 언성을 높였다
별것 아닌 일에 벌컥 성부터 내고 봤다

너 이 새끼, 지금 나 무시하는 거지

무시하고 지나갈 일에도 꼭 무시를 들먹였다
세 번이나 장가들어도 아들 하나 얻지 못한 큰할아버지가 그랬고
삼십 년째 같은 집에서 세 들어 사는 늙은 부부도 그랬다
음대 나왔다던 폐지 줍는 할머니도 툭하면 그랬다

미안하구나, 제비꽃아
네가 거기 그렇게 피어 있다는 걸 몰랐다
그토록 납작 엎드려 있다는 걸 미처 몰랐다
보드라운 보랏빛 꽃잎이
응달에 가려 조금 더 짙어진 걸 알아봤어야 했는데
진작 그랬어야 했는데

조율

어둡고 흰 날에는
영혼을 손본다

오래 방치한 피아노
소리가 나쁘다

음 안에는 소리 내지 못하는 것들이 있어
떨리고 무겁다

낮아진 음들을 찾아 들어 올린다
진폭이 큰 것들 사이에는 징검돌을 놓는다
소리들을 원래 자리로 돌려보낸다
신들이 처음 그려 넣었던 그대로

잡음을 한참 만지다 보면
약한 소리가 되살아난다
얽힌 것들이 살살 풀려 나온다

건반을 살짝 누르자
영혼이 몸을 일으킨다

우리는 다른 손이 필요해

제가 외로운 진짜 이유는
제가 어떤 그림의 일부인지 저 자신도 알지 못하기 때문입니다.
—오르한 파묵,『내 이름은 빨강』에서

기도하는 두 손이 너무 공손해 기분을 해친다

우리는 더 많은 손이 필요해
트리에 장갑을 주렁주렁 걸어놓고 크리스마스를 기다린다

소원을 꾹꾹 눌러써도
뒷장에는 새겨지지 않는 글자들

여기에선 다들 속삭인다
무언가 곧 시작된다고 들었기 때문이다

맨발로는 걸을 수 없는 곳에서
무릎을 꿇는 사람들

저는 무엇의 일부입니까?
어떤 것을 그리고 있나요?

뜯지 않은 편지를 돌려받는다
크리스마스 아침에

차고 거대한 손이 트리를 거꾸로 세운다
밑그림을 그리기 시작한다

또 다른 다큐

염소젖을 먹던 새끼 가젤은 3개월 뒤에 사라졌다

자신이 누군지 깨닫고*

---

*유목민들 이야기를 다룬 다큐멘터리에서 변용.

해설

카오스모스의 모순을 기꺼이 껴안은 자

김효숙(문학평론가)

『아직 시작되지 않은 오래된 이야기』에서 글쓰기와 존재에 관한 사유는 같은 지평에서 이뤄진다. 현존에 관한 말하기가 존재의 결핍을 고민하는 중에 이뤄지면서 불안전·불완전·불안정한 존재의 조건이 글쓰기로 이어진다. 이러한 점이 주체 형성과 관련되면서 전영미 시는 매우 내적이고 심리적으로 언표된다. 부단히 자기를 타자화하면서 세계-내에서 그 위치를 찾아 나가고, '존재'가 본래 텅 빈 것이라는 인식에서 출발하여 하나의 존재자로 명명되는 지점까지 사유를 이어간다. 자기의식이 박약하다면 타자와의 동일시가 매우 순탄하게 이뤄진다. 그러나 자기의식을 가진 자는 자기를 분리해 놓고 대자적으로 자기를 의식한다. 자기를 넘어 타자에게로 나아갈 때 자기중심 사고에 대한 의심이 깊어지는 것은 그런 이유다.

이 시집에서 핵심어를 하나만 고르라면 '존재(자)'를 들 수 있다. 존재(being)는 인간에게 본래 결여된 것이어서 '존재자'와의 혼란 속에서 그 의미를 찾아 나가야 한다. 존재란 아직 그 무엇도 수행하지 않고 가만히 지속하는 상태, 즉 시인이 유령의 목소리를 빌려서 썼듯이 "발이 필요해"(「내막」)라고 말하는 상태 같은 것이다. 이 발화자는 지금 "뭔가를 딛고" 서 있고 싶지만 발이 없어서 그 일은 이루어지지 않는다. 때문에 유령은 자명한 존재자일 수가 없다. 발의 필요성을 발언하는 존재이며 인간의 관점으로는 발이 결핍된 존재다. 이 같은 경우에서 보는 것처럼 발로 무언가를 딛고 서 있다면 유령은 전혀 다른 존재자로 전환할 것이다. 시인은 이 시집에서 부단히 정체성을 찾아 나가면서 존재의 전환을 꿈꾼다. 새로운 세계를 얻으려면 자신부터 변화해야 하고, 자신이 궁금해하는 것에 대한 답변도 자신이 마련해야 한다. 성장하는 동안에 경험했으나 지금은 잊어버린 이야기들, 그래서 캄캄한 과거가 되어버린 것들을 현재화하면서 오롯한 나 되기의 시 쓰기 수행을 이어간다. 이 시인에게 글쓰기는 주체를 부단히 되묻는 일과 분리되지 않으며, 자신이 누구인지 알아가는 능력으로 그것은 지속된다.

슬픔이 삶에게 보내는 말

 누구나 예외 없이 거울 단계를 거쳐왔으나 그때의 기억이나 상황을 온전히 복구할 수는 없다. 거울 앞에서 어느 날 자아를 발견하게 된 아이가 그간의 무지와 숱한 의심을 거쳐 거울상과의 동일시를 인정하기에 이른다는 심리학 이론을 근간으로 자아 형성의 계기를 추체험할 수 있을 뿐이다. 출발 지점과 귀환 지점이 똑같이 자신이라 해도 좋을 전영미 시에서 주체는 세계 속으로 부단히 뛰어드는 자아 분열체로 언표된다. 그래서 이들은 늘 움직인다. 타자화한 자신을 직관할 때에야 주체성이 생기는 것이어서 움직이지 않는 자는 이것을 달성하기가 어렵다. 세계 속에 자신을 세워놓고 하나의 풍경이 된 곳에서 비로소 자신을 발견할 수가 있다. 서시 격인 「배웅」에서 시인은 흔들리는 삶의 조건과 거기에 더해진 슬픔을 묘파하면서 주체의 배웅 행위가 결코 일과성으로 끝나지 않을 것임을 예고한다.

    집을 나선다

    빈 새장을 열어주고
    욕조에 물을 가득 채우고
    아무것도 심지 않은 화분에 물을 주고는
    깊은 밤 속으로

길가 버드나무가 잠깐 흔들린다
뒷골목을 지나 공원을 돌아 호숫가까지 걸어간다

슬픔아,
여기서부터는 혼자 갈 수 있지?

호수에 잠긴 수초를 오래 바라본다
물에는 앉을 데가 없다

나의 귀가는
어제보다 더 늦을 것이다

—「배웅」 전문

  이 같은 배웅 행위는 슬픔을 영영 떠나보내려는 것이 아니다. 여하한 이유가 있어서 슬픔을 슬픔에게 잠시 돌려보내거나 맡겨두려는 것이다. 이러한 의탁 행위가 뜻하는 바를 알 수 있다면 슬픔의 연원을 모를 턱이 없다. 그런데 시 현실에서는 그 이유가 표면화되지 않는다. 화자는 새장에 가둬두었던 새에게 자유의 길을 열어주고, 텅 빈 것들뿐인 사물들에 듬뿍 물을 채워준 후 집을 나선다. 바깥 세계인 호수를 슬픔이 출렁거리는 장소로 지정한 것을 보면 집과 호수 사이에는 단절할 수 없는 연속성이 있다. 슬픔이 혼자 갈 수 있을 만큼의 장소에서 배웅하고 있으나 이러한 행위는 이후에 다시 슬픔을 마중하는 일이 예정되어 있다는 증거다. 그러면서 그는 "호수에 잠긴 수초"처럼 하나의 풍경으로 자신을 타자화한다. 바깥 세계에는 호수만 한 슬픔이 고여 있어서 '쉴 만한 물가'라고 할 수가 없다. 흔들리는 삶 속에서 슬픔에 겨운 자. 집을 나서기 전에 빈 욕조, 빈 화분에 물을 채워 넣어 마를 날 없는 슬픔이 삶의 조건임을 보여주는 자. 그가 이 시의 화자다. 삶에 깊이 배여 있는 슬픔은 빈 용기에 물을 채워 넣는 행위로, 다시금 슬픔을 만나야 하는 일은 늦은 귀가 시간을 예정해 두는 것으로 표명된다.

우리네 삶에는 불가항력의 조건이 있고 그중 슬픔은 깊이를 알 수도 없고 마를 날도 없다는 점을 이 시는 시사한다. 자신에게 부과된 슬픔이 내내 삶을 관통하고 있어서 그는 그것을 고스란히 승인해야 한다. 이 세계에 던져지기 전으로 소급해 가는 능력의 소지자가 아닌 한 그는 슬픔이 삶의 조건이 된 이유를 알 수가 없다. 더욱이 부조리한 것은, 삶은 슬프다는 인식에 어떤 근거를 댈 것인지조차 자명하지 않다는 점이다. 슬픔은 기쁨과 차이가 있는 감정이지만 이것을 조성하는 것이 무엇인지에 대해서는 무지하기만 하다. 그렇기에 그 이유를 끝없이 알고 싶어 하고, 무언가를 조금 알게 되었다면서 안도하기도 한다. 화자가 집에서 데리고 나온 슬픔을 더 큰 슬픔에게로 배웅하는 장면에서 우리는 그가 이후 귀갓길에 마중할 슬픔의 얼굴까지도 상상할 수 있다. 슬픔을 삶의 조건으로 승인하는 것이 일상임을 천명하면서 시인은 「어떤 안내문」에서 주체가 처한 "지금 여기"(now-here)의 시간성과 장소성을 질문하기에 이른다. 이 시는 영문도 모른 채 홀로 기투되어 이 세계의 고아로 살아가는 모든 실존재, 즉 "당신"들에 관한 말하기다.

> 여기 들어올 때는
> 밖에 당신을 걸어두고 오시오
> 문 앞 못에다 겉옷을, 이름을, 목소리를
> 냄새까지도 박아두고 들어오시오
>
> 여기에는
> 당신이 모르는 당신이 있소
> 당신이 알아야 할 당신이 있소
> 당신만 아는 당신이 있소
> 그저 당신이 있을 뿐이오
>
> 아직 입구는커녕 문 앞에 박힌 못조차 찾지 못한 당신들
> 지금 여기에 살면서 여기를 찾아 헤맨다
> 온갖 냄새를 뒤집어쓴 채

> 컹컹 짖어대던 우리들은 이름을 몰라
> 내 이름을 몰라
> 계속 짖어대고
> 겉옷을 벗기 위해
> 서로의 살갗을 하염없이 할퀴면서
> 그저 우우 울기만 할 뿐
>
> 여기는 어디오
> 여기는 어디 있소
>
> ─「어떤 안내문」 전문

 '당신'은 자신을 잘 모르기 때문에 알아야 할 필요가 절실한 자다. 오롯한 주체이지만 자신이 처한 곳이 어디인지 몰라 방황이 이어진다. 자신의 위치를 찾으려는 시도들이 자신에게로 환류하면서 이 세계는 부단히 방황하는 곳으로 정립된다. 때문에 주체는 더더욱 타자에게로 나아가면서 만남을 통해서만 이 세계에서의 존재 가능성을 타진할 수 있다. "지금 여기에 살면서 여기를 찾아 헤맨다"고 말하는 화자의 목소리는 이 세계에 던져진 자에게 "어떤 안내문"으로 기능한다. 지금 이곳에서 방황이 필연임을 인정하는 일이 실존재의 삶이라는 점은 불변하기 때문이다. 세계-내에 던져져 새로운 가능성을 찾아 나선 그에게 방황은 필연이며, 그럴 때 다양한 가능성이 그 앞에 펼쳐지면서 선택의 순간들이 도래한다.

전영미가 보여주고 있듯이 시인의 시적 수행은 많은 경우 기다림의 과정에 놓여 있다. 「카메라를 들고」에서처럼 시인의 감각은 찰나적 동맹이 이뤄질 때 분발하지만 대부분은 시원으로까지 상상력이 역류하면서 순간적으로 호흡을 멈추게 하는 그 무엇의 도래를 기다리는 시간이다. 우주에서 출발한 소리에 귀를 기울이고, 기원의 어머니에게서 막 태어난 생명체가 자신임을 자임하는 그날까지, 더불어 낯선 타자들의 초상을 시어로 그릴 수 있을 때까지 기다리겠노라는 자세를 견지한다. 또 다른 시 「시선」에서 우주에 기원을 둔 눈동자의 주인이 눈길을 "말과 말 사이"(「시선」)에 비추는 정황을 보면 그도 언어를 주재하는 자다. "말의 저 안쪽까지 비"추는 능력의 소지자인 그가 시선을 화자에게 멈출 때 "나는 당신이 생각하는 내가 된다." 상호작용하는 관계이면서도 시선이 자신에게 머물기를 더 많이 바라는 쪽은 화자다. 이러한 자세로 미루어 볼 때 '당신'은 "너무 깊어 들여다볼 수 없"는 존재, 화자의 기대와 기다림이 응결된 존재다. 전영미의 첫 시집이 '당신'에게서 오는 언어를 기다리는 시인의 발언이기도 하다는 점은 이런 곳에서 드러난다.

전영미 시는 쉬운 말로 쓰면서 단아한 풍모를 지닌다. 이제 막 알을 깨고 세상으로 나온 새 한 마리의 몸짓처럼 여리고 순정하고 투명한 마음을 담아낸다. 시 제목이 「사실」인 것에서 드러나듯이 어느 날 이 세계에 던져진 자의 정체성은 "엄마는 날 낳은 적도 없"다는 데서 정점을 찍는다. 이러한 부정성이 사실임을 강조하면서 자신의 탄생이 "얼음 덩어리 하나 쑥" 세상으로 온 것과 연루된다고 쓴다. 이는 모녀간 생물학적 유전자의 특성을 부인하는 것이기보다, 자신이 이 세상에 올 때 실존재로서 구체성을 띠지 않았다는 언명으로 읽힌다. 그 무엇이든 될 수 있는 가변적 존재로 던져졌으며, 그렇기 때문에 가능성이 무한 열린 존재로 살아가지만 본래 자신의 성품, 즉 "내 안에 쌓인 눈이 아직 녹지 않았기 때문에"(「사실」) 자신의 내면은 물론이고 외부 현실까지도 가변성을 전제해야 한다는 언명으로 읽힌다.

나를 나 되게 하는 기억

기억 작용에는 자신이 어떠한 사람이 되고 싶거나 인식되고 싶다는 기대, 발설할 것과 숨길 것을 분류해 두려는 의지가 혼재된다. 이런 점을 타인은 알 수가 없으며, 자신마저도 분명하게 알 수는 없다. 믿고 싶은 것, 기대하는 것이 기억으로 둔갑하여 그것을 사실인 양 용인하는 일이 다반사다. 발화자의 생각과 경험을 청자가 분간해내지 못하는 그때 기억만으로는 구조적으로 채울 수 없는 빈틈과 균열에 상상과 허구를 채워 넣으면서 발화자는 사실임 직한 기억을 구성한다. 다음 시는 어린아이가 주체성을 확립하는 시기를 시적인 변용으로 묘파한다. 우리가 거울 단계라고 명명하는 내용을 이 같은 사례에 견주어 보면 될 듯하다. 거울 앞에 선 자와 거울상으로 나타나는 이미지의 비동일성과 동일성 사이에서 하나의 정체성이 정립되는 계기를 개념화한 것이 거울 단계다. 「자화상」은 이러한 개념에 파격을 가한다. 거울에게 속내를 드러내라고도 하고, 화자의 자화상이 아닌 거울의 자화상을 보여달라고도 요구한다.

    거울아 거울아
    너의 가장 깊은 곳을 보여줘
    미소와 울음을 번갈아 만들어내는 나 말고
    수은으로 덧칠하기 전 네 얼굴

    사람들이 벗어두고 간 얼굴들을 긁어내면
    잘린 내면과 뒷면들이 겹쳐져 있고
    순간의 표정들과 전달할 수 없는 기분들이 가득하지

    그런 것들이 쌓일수록 네 얼굴은 멀어지고
    너의 깊은 곳은 더 내려앉는다

    거울에 손을 대면

밀어내는 다른 손이 있다

  수은이 벗겨진 거울, 아니 유리는
  중얼대는 내 얼굴을 투과한다
  깊숙이 찔러 넣는다

  ―「자화상」 전문

 "거울아 거울아"는 우리에게 익숙한 동화 세계에서의 호명이다. 제목이 「자화상」인 것에서도 보듯이 거울은 나르시스트의 자기 동일시가 이뤄지는 장소다. 미소년 나르시서스의 자기 동일시가 죽음으로 치닫는 과정도 거울처럼 반들반들한 수면에서 이뤄진다. 시의 화자가 기대하는 거울은 그의 중얼대는 얼굴, 즉 목소리를 저장한 "얼굴을 투과"해야 한다. 수은의 화학작용 덕분에 유리가 거울로 변모했기에 화자는 이제껏 "미소와 울음을 번갈아 만들어내는" 자화상을 보아 왔다. 그런데 그는 거울을 대상물의 반영 능력을 기술적으로 가공한 사물, 즉 "수은으로 덧칠"한 인공물로 이해한다. "너의 가장 깊은 곳을 보여"달라고 요청하는 것은 여기에 기인한다. 이 같은 주문은 거울의 존재 이유와 이 사물을 대하는 세속의 보편적인 관념을 전복한다. 거울에 투영된 누군가의 인상을 놓고 내면을 분석하는 이치대로라면 거울의 반들반들한 외면 깊숙이에도 내면이라는 것이 있지 않겠느냐는 반문인 것이다.

 이러한 사유는 거울 앞을 떠나면 기분과 표정이 달라지고, "거울에 손을 대면/밀어내는 다른 손이 있다"는 비동일시 감정에서 비롯한다. 주체의 순간적 경험을 모두 앗아간 것이 수은의 화학작용이라는 인식이 개입하면서 동일시는 깨진다. 자신의 모습을 비추는 거울상을 자화상이라고 믿으며 의심치 않는 우리를 흔들어 깨우는 것은 주체의 비동일시 감각이다. "수은으로 덧칠"했을 뿐인 거울에 한시적으로 맺히는 파편적인 이미지가 우리가 알고 있는 자화상이라고 그는 생각한다. 거울 앞을 떠나 표정과 기분이 수시로 바뀌는 얼굴 모두를 자화상이라고 지정할 만큼 번잡한 이미지들을 우리는 소유하고 있지 않다. 거울 뒷면의 수은이 지배하는 화학적 메커니즘에 따라 파편적으로 자화상이 결정된다는 전제를 무시해야만 가장 흡족할 만한, 그러나 판에 박힌 듯한 자화상 하나를 얻을 수 있다. 자화상을 선택하는 기준이 미메시스를 넘어 이상화되었을 때 스스로에게 최상의 이미지를 안긴다는 얘기다. 그런 이유로 화자는 숱한 "사람들이 벗어두고 간 얼굴"뿐만 아니라 순간의 표정과 기분들까지도 수은에 부착되어 있다고 보고 거울 뒷면의 수은을 긁어내고 있을지도 모른다.

 따라서 우리는 이 한 편의 시를 이미지가 지배하는 이 세계의 자화상들을 향한 모종의 중얼거림으로 들어도 좋을 것이다. 수은을 펴 바른 거울 앞으로 유인되었던 나르시시즘의 중

독성을 과감하게 벗겨내면서 거울의 민낯을 보려는 시도로 말이다. 거울 앞에서 기분을 연기하며 표정을 지어 보이는 인간의 연극적인 행위. 그러나 거울 앞을 벗어나면 달라지는 기분과 표정. 나르시시즘을 파기하는 시인의 사유가 상상력이 풍부한 아이의 생각 꾸러미에서 풀려나오는 이야기처럼 천진스럽고 장난스럽기까지 하다. 다음 시는 앞서 읽은 「어떤 안내문」에서 호명한 '당신'이라는 정체성이 반드시 3인칭의 당사자만을 뜻하지 않는다는 감을 안긴다.

> 엄마라고 처음 내뱉은 순간 입에선 나방이 쏟아졌지
> 껍데기를 둘둘 감고 있던 번데기는 그새 부화했고
> 겨우 찾은 내 목소리에선
> 노인의 쉰 소리가 섞여 있었지
>
> 북극성을 처음 발견했을 때
> 내 눈은 이미 북극성을 알고 있었지
> 원래 누구의 눈이었을까
>
> 이상할 만큼 가늘고 옅은 손금
> 수레바퀴가 한 바퀴, 두 바퀴 구르는 걸 세다가
> 숫자들이 사라지고 바퀴가 구른다는 것조차 잊어버렸을 때

손금도 조금씩 사라졌지

거울 볼 때마다
한 번도 나를 알아볼 수 없지
당신, 아니 나는 누구세요?

— 「거기, 누구세요?」 부분

거울이 반영하는 자화상은 "당신"이면서 동시에 '나'이기도 하다. 기원의 '나'를 찾아가는 여행에서 만나는 단 한 사람의 엄마, 그리고 운명 결정론의 증거처럼 여기는 "가늘고 옅은 손금"까지도 주체에게는 절대적인 것이 아니다. 이것이 혈연을 부정하는 차원에서라기보다 기원에서부터 생성된 수많은 타자들의 거처인 자신의 다중정체성을 승인하는 일과 엮여 있다. 엄마라고 발음하는 순간에 나방이 부화하듯 쏟아지는 수많은 '나'들 중에서 주체는 이미 늙어 쉰 목소리를 낸다. 미리 온 미래의 사람처럼 기원을 관통하는 관념 속에서 그는 이미 늙어버린 사람이다. 그는 세계-내-존재인 자신의 탄생을 우연한 사건으로 보는 주체다.

흔들림 속에서 존재를 밀고 나가기

우리가 생각하는 것은 쉽게 현실화하지 않기 때문에 언제

나 불발의 가능성을 안고 있다. 그런데도 시인은 자신의 모호한 정체성을 부단히 질문하면서 자신이 대체 무엇일 수 있을지를 곰곰이 생각한다. 이는 시인이 이 세계의 작동 원리를 알고자 하는 것이면서 나르시시즘의 자화상을 깨고 나오려는 시적 수행의 한 방식이다. 이 말은 자아의 사회화는 나르시시즘을 벗어나야만 가능하다는 말과 같다. 다음 시에서 시인이 쓴 것처럼 "나는 아직도 나"인 불변의 원리를 수긍하기까지 닮아가기, 모방하기, ~척하기 같은 미메시스의 실행을 남모르게 거듭 이어왔다. 전영미 시에서 자아를 찾는 여행은 이처럼 그칠 줄을 모른다.

—얘야, 한밤중에 손톱 깎으면 안 되는 거 모르니
—쥐가 그걸 먹고 너로 변하면 어쩌려고

—그래서 꼭 밤에 깎는 거예요
—이제 나를 버릴 때도 됐잖아요

여기저기 툭툭 깎아놓은 손톱은 하나도 사라지지 않았
고

언젠가 이해하게 될까
왜 나는 아직도 나인가를

잠깐 나무를 따라 하고 사막을 흉내 내고 상처인 척했지만
　　결국
　　나로 남았고

　　툭툭
　　쥐를 위해 또다시
　　발톱이 여기저기 튀는 밤

　　쥐가 내 발톱을 먹어주기만 한다면
　　나를 절반만이라도 나눠 가져 준다면
　　내가 먼저 네가 진짜라고 우길 텐데

　　나는 나를 뭐라고 불러야 할까

　　─애야, 아직도 모르겠니
　　─오래전에 네가 네 손톱을 삼켰다는 걸
　　　　　　　　　─「아직도 모르겠니」 전문

　시를 읽으면서 어느새 동화의 세계로 들어간 우리를 충격하는 것은 마지막 시행의 "네가 네 손톱을 삼켰다는" 연장자

의 목소리다. 아이 시절에 들은 전설 같은 이야기와 자신이 집어삼킨 것이 손톱이었다는 사실이 만나는 곳에서 새로운 이야기가 태어난다. 밤중에 손톱을 깎으면 "쥐가 그걸 먹고 너로 변"한다는 연장자의 꾸지람은 금지의 언어에 속한다. 그런데 화자가 다시금 쥐를 매개로 동일성의 존재들이 생성되는 세계 속으로 돌아가고자 한다면 연장자의 기억을 빌려야만 한다. 지금 이곳에 쥐가 없다는 사실이 결정적으로 그를 망연하게 한다. 정체성 찾기를 아직 종결하지 못했으나 쥐가 사라졌으므로 이것이 불가능한 일이라고 그는 생각한다. 이 같은 역설은 어릴 적의 금기였던 "한밤중에 손톱 깎으면 안 되는" 것과 연동한다. 금기 조항을 말하는 연장자의 언어 속에서 쥐와의 동일시를 두려워했던 아이는 그 후 정체성을 찾아 나가면서 하나의 진실과 마주한다. 연장자의 말 속에서 굴절되어버린 것이 자기 정체성임을 알게 된 것이다. 내심으로는 단단한 것을 갉아먹는 쥐의 출현을 경계하면서도 쥐가 아이로 변한다는 가공된 세계를 제시한 연장자로서는 자신의 금지어가 직설적인 발언을 삼가면서 우회 발언으로 아이의 유일성과 고유성을 지켜주려는 의도에서 나온 것이었다.

존재를 확정할 수 없는 화자가 자신을 엄연한 존재자로 승인할 때까지 부단히 물어야 할 것은 "나는 나를 뭐라고 불러야 할까"라는 매우 근원적인 질문이다. 이에 대한 답이 화자 자신에게 있다는 점도 부인하지 못할 진실이다. "오래전에 네가 네 손톱을 삼켰다는" 연장자의 기억 속에 존재하는 불변의 사실이 주체를 주체이게 한다. 이는 손톱을 삼킨 쥐를 떠나 화자 자신에게로 환류하는 문제이며, 그것의 실행이 재미있게도 손톱을 삼킴으로써 이뤄졌다는 데서 자기 동일성은 확립된다. 때문에 이 시에서 자아 찾기는 자연스럽게 '나는 나'라는 데로 귀결된다. 전영미는 이렇게 민담을 시적으로 변용하여 자아 정체성에 대한 의문을 풀어나간다. 민담을 시화하는 방식의 새로움으로 자아 정체성을 탐문하면서 시적 성취를 보여준 점이 높이 살 만하다.

전영미는 지금 이곳의 실존을 사유하면서 원형적 상상력을 펼친다. 시집의 표제이기도 한 「아직 시작되지 않은 오래된 이야기」에서 썼듯이 시인은 천 년 전의 바람과 까마득한 시원에서 불어오는 그것을 능숙하게 현재화한다. 이것은 바람의 발생을 말하려는 서언이 아니며 시가 일어나는 일에 관한 특화된 언어다. 천 년을 산 고목은 드물어도 바람은 언제든 생기(生起)하는 에너지라는 점을 시사하면서 이것을 모든 생명체가 지닌 생명성과 호환한다. 설령 "오래전부터 누군가 했던 이야기"일지라도 시인은 "하나도 이상할 게 없는 이야기"를 다시금 생성하는 언어의 주재자다. 이것이 가능한 이유가 있다면 시인은 혼돈과 안정 사이에서 끊임없이 흔들리면서 오늘 흔들렸던 경험을 이야기할 수 있고, 같은 맥락에서 안정을 조성하는 균형 감각을 원하기도 하는, 매우 모순된 감각을 수시로 용인하는 존재다. 최적의 순간을 포착하려는 의지를 품은 사진사처럼 태곳적의 바람을 타고 온 생명의 언어를 기다리는 시인에게 하루의 시간과 천 년의 시간을 대비하는 일은 큰 의미가 없다. 시언어란 것은 시간의 차이와 경계를 봉합하려는 아슬아슬한 흔들림 속에서 안정을 꿈꾸는, 즉 카오스모스의 모순 감정을 기꺼이 껴안은 자의 발언이기 때문이다. 오래된 이야기들을 끌어내어 패러디하면서 자아를 발견해 나가는 전영미의 시적 수행은 이 시집에서 이제 막 시작되었다.

시인동네 시인선 214

아직 시작되지 않은 오래된 이야기

ⓒ 전영미

초판 1쇄 인쇄	2023년 9월 18일
초판 1쇄 발행	2023년 9월 25일
지은이	전영미
펴낸이	김석봉
디자인	헤이존
펴낸곳	문학의전당
출판등록	제448-251002012000043호
주소	충북 단양군 적성면 도곡파랑로 178
전화	043-421-1977
전자우편	sbpoem@naver.com

ISBN 979-11-5896-613-3 03810

*이 책의 판권은 지은이와 문학의전당에 있습니다.
*양측의 서면 동의 없는 무단 전재 및 복제를 금합니다.
*잘못 만들어진 책은 바꿔드립니다.
*이 시집은 2023년 한국출판문화진흥원 우수콘텐츠에 선정되어
 제작되었습니다.